CATALOGUE

D'OBJETS D'ARTS

ET

DE HAUTE CURIOSITÉ,

TELS QUE

Pierres fines, Bijoux d'or, Bronzes, Marbres, Porcelaine de Sèvres, de Saxe et de Chine; Meubles de la renaissance, de Boule, de Riesner; Laques, Émaux, Antiquités, Fayences anciennes, Matières précieuses, Pendules, Dorures, et Objets de toute espèce;

PROVENANT DE LA RICHE COLLECTION

De Feu M. MONTFORT, antiquaire,

DONT LA VENTE AURA LIEU,

par suite de son décès,

Les Mardi 10, *Mercredi* 11, *Jeudi* 12, *Vendredi* 13, *Samedi* 14 *Décembre* 1833, *heure demidi*,

SALLE LEBRUN, RUE DE CLÉRI, N°. 21,

par le ministère

DE MM. BONNEFOND DE LA VIALLE et LACOSTE,

Commissaires Priseurs à Paris.

L'EXPOSITION SERA PUBLIQUE

Les Samedi 7, *Dimanche* 8, *et Lundi* 9, *de midi à* 4 *heures.*

SE DISTRIBUE A PARIS,

CHEZ
- M. Bonnefond de la Vialle, Commissaire-Priseur, rue de Choiseul, n°. 11;
- M. Lacoste, Commissaire-Priseur, rue Thérèse, n°. 2;
- M. F. Montfort, Marchand de Curiosités, quai Malaquais, n°. 7.

1833.

AVERTISSEMENT.

Comme il faut une préface à tout livre, un avertissement à tout catalogue, sans quoi, comme dit Rabelais, *l'on mériterait d'être grandement vitupéré*, nous aurons aussi le nôtre pour faire comme tout le monde, pour obéir à l'habitude, cette vieille coutume surannée, décrépite, que nul n'ose répudier, de crainte de s'exposer aux blâmes, aux reproches, aux dires de la foule. A nous, il nous servira non à faire comme d'ordinaire un panégyrique de nos objets; mais à remercier d'abord M. Champion, qui, comme ancien ami de mon père, a bien voulu se charger de la vente de nos bijoux, et ensuite prévenir MM. les amateurs que cette vente sera faite avec toute la franchise possible, car madame Montfort voulant se retirer entièrement du commerce, tout sera livré sans restriction aucune à la chaleur des enchères.

Que personne ne croie au moins que si c'est moi qui mets sur table, c'est dans le dessein de soutenir la vente? Aucunement! Quoique j'aie l'intention de me former une nouvelle collection, j'ai l'honneur de prévenir MM. les amateurs, que si quelques objets me sont adjugés, ce sera pour mon compte personnel et non dans l'intérêt de la succession.

A ceux qui pourraient trouver singulier ou inconvenant que ce soit le fils de la maison qui mette sur table, je leur dirai que si j'ai pris sur moi cette responsabilité, c'est que ma mère et mes frères m'en ont chargé, pensant que personne n'y pourrait prendre un intérêt plus vif : je n'ai donc pu m'y refuser.

Quant à la vente de nos Tableaux, elle aura lieu dans le courant de février, et sera annoncée par de nouvelles affiches.

M. Henry, expert des Musées royaux, s'est chargé du soin d'en diriger le Catalogue.

CATALOGUE

D'OBJETS D'ARTS

ET

DE HAUTE CURIOSITÉ.

TABATIÈRES, BIJOUX ANCIENS ET MODERNES.

1 Une Tabatière en écaille avec gorge en or, Portrait de Lameilleraye, frère du cardinal Mazarin, par Petitot. Cet émail, qui est un des plus fins et des plus frappans de vérité de ce grand portraitiste, sort de la vente de M. Potowski, où il était regardé comme un des plus précieux de la collection.

2 Une autre *id.*, Petitot, Portrait de Louis-Urbain Lefèvre de Caumartin, conseiller-d'État sous Louis XIV. Cet émail faisait aussi partie de la belle collection du comte Potowski. Les cheveux sont admirables, et la conservation parfaite.

3 Une Tabatière en or du temps de Louis XVI, avec deux miniatures attribuées

à Lesueur. L'une représente l'entrée d'Héloïse au couvent, l'autre sa mort.

4 Une Tabatière en écaille de forme carrée, monture en argent doublé d'or; émail, Portrait de madame de Sévigné: belle copie de Petitot.

5 Caillou d'Egypte. Une Boîte cuvette d'un seul morceau, forme oblongue, monture en or du temps de Louis XV.

6 Une autre *id.* en lapis, forme hexagone, montée en or.

7 Une autre *id.*, silex, figurant une souris, montée en or.

8 Une autre *id.*, Pannier en prisme d'améthiste, monture ancienne en or.

9 Jaspe sanguin. Une Tabatière forme contournée, monture en or de la fin de Louis XIV. Le jaspe est de la plus belle qualité.

10 Une Bonbonnière forme ronde, en cristal de roche, montée en or. Sur le couvercle est incrusté souvenir d'amitié en roses.

11 Bois pétrifié. Tabatière forme ovale, monture ancienne en or.

12 Belle Boîte carrée en agates orientales, monture en or du siècle de Louis XIV.

13 Lapis lazuli. Une Boîte hexagone avec agates herborisées. La monture en or est du temps de Louis XVI, et les plaques de lapis sont du bleu le plus pur.

14 Une magnifique Boîte en écaille, de forme carrée, garnie et doublée en or, avec six miniatures par Blaremberg. L'expédition des templiers.

15 Une autre *id.*, forme de coffre, en écaille piquée, richement montée en or.

16 Lapis. Une autre petite, de forme hexagone, montée en argent doré.

17 Lumachelle. Une Tabatière, forme hexagone, montée en or.

18 Une autre petite, en laque aventuriné, montée et doublée en or, avec un émail de Bordier : Louis XIV enfant.

19 Une autre, forme de cœur, en agate mousseuse, montée en or.

20 Une petite Boîte en laque, forme carrée, monture en or.

21 Or. Une Boîte, forme de coffre, du temps de Louis XIV, avec bouquets de fleurs ciselés en relief dans des écussons tourmentés.

22 Une autre en laque rouge, forme carré long, incrustée de plaques en or, fleurs ciselées en relief; elle est montée et doublée en or.

23 Une autre Boîte en agate mousseuse, ovale, gorge en argent doré.

24 Tabatière en argent doré, du temps de Louis XIII, incrustée d'écaille, parsemée de petits clous; l'émail qui orne le couvercle est

sur or, et représente d'un côté Flore à qui ses compagnes présentent des fleurs, et de l'autre un paysage dans le goût du Claude. Cette Boîte, qui est ronde et découpée en festons, est d'une forme très originale, et peut être regardée comme un des souvenirs les plus curieux de cette époque.

25 Petite Tabatière en cristal de roche gravé, forme ovale, monture ancienne en bas or.

26 Une Boîte en écaille de forme ronde, avec une peinture fixée sous verre, par Bertin : Jupiter et Léda ; cercle doublé d'or.

27 Une Boîte en écaille, de forme ronde, avec un grenat syrien sur le couvercle ; elle est doublée en or.

26 Une Boîte en écaille, de forme ronde, doublée en or, avec un émail : le duc d'Orléans régent.

29 Porcelaine de Saxe. Tabatière de forme carrée, fond blanc, avec peintures dans le genre de Wateau ; gorge et charnière en or.

30 Une Tabatière en écaille avec une miniature de Petitot dans un cercle en or émaillé.

31 Porcelaine de Saxe. Une autre, même forme, avec sujets peints, gorge et charnière en or.

32 Doublé d'or. Une Tabatière ronde avec guillochage et fleurs ciselées en relief.

33 Tabatière forme carrée, b[illegible] incrusté

d'oiseaux et fleurs; monture ancienne en or.

34 Une petite Boîte, de forme ronde, en buis incrusté de fleurs-de-lis et de dauphins; monture en or; le dessus et le dessous sont ornés de deux miniatures qui nous sont inconnues.

35 Une Boîte en écaille, de forme ronde, avec un œil imitant l'onix, incrusté dans un ovale émaillé en or.

36 Argent doré. Une Boîte ovale du temps de Louis XV, avec sujets de chasse ciselés en relief.

37 Une Boîte en écaille, ronde, avec une composition par Sauvage : les Amours captifs.

38 Une Boîte, forme ronde, avec une peinture genre de Dégault : portrait de Cicéron.

39 Une autre, même forme, en écaille, avec sujets chinois incrustés en burgos.

40 Une Boîte ronde en écaille avec une peinture genre de Fragonard : tête de femme coiffée d'une toque de velours.

41 Tabatière, coquille montée en argent.

42 Une Tabatière ronde en écaille avec un fixé intérieur dans le genre d'Ostade.

43 Une Tabatière ronde en écaille avec un portrait de M. de Buffon, par Sauvage.

44 Jaspe sanguin. Une Tabatière de forme ovale, montée en or.

45 Or. Une Boîte à oiseau, de forme carrée,

toute ciselée en relief, avec un émail du lac de Genève au soleil couchant.

46 Une Boîte en écaille, forme ronde, cercle en cuivre doré, dessin par Nicolle.

47 Camée. Tête de Pâris sur une Tabatière en buis avec gorge en écaille.

48 Une Boîte en écaille avec une miniature par Clinstell : jeune fille jouant avec un perroquet ; cercle en or.

49 Une Tabatière en écaille, de forme ronde, avec un fixé carré, genre de Ruisdael.

50 Petite Tabatière carrée en écaille blonde incrustée de petits dessins en or.

51 Une Tabatière ronde en lave.

52 Une Montre ancienne du temps de Louis XIV, avec son crochet; elle est en or et enrichie de plaques de jaspe sanguin, où sont incrustées des fleurs en brillans et rubis; le mouvement est anglais et à répétition, et porte le nom de Creak, London. Elle provient de la vente de San Carlos, ambassadeur d'Espagne.

53 Une autre Montre, du même temps, à répétition, fleurs émaillées sur or.

54 Montre en or anglaise à double boîte.

55 Montre en or et à répétition de Ferdinand Berthoud; la queue est garnie de petites roses avec un brillant sur le repoussoir.

56 Une petite Montre en or à quatre trous en pierre.

57 Petit Nécessaire en or du siècle de Louis XIV, garni de tous ses ustensiles du temps, tels que couteau, ciseaux, cure-oreilles, plume et tablettes; tout autour sont des amours entrelacés au milieu de dessins contournés et arabesques relevés en bosse. Ce joli bijou, qui est un des plus fins repoussés que l'on puisse voir, est à lui seul tout un résumé de l'époque. Aux deux extrémités se trouvent une cassolette et un cachet.

59 Deux Flacons en verre de la même époque, garnis d'ornemens en or.

60 Un Collier monté en or d'Italie, garni de 17 camées du XVIe. siècle.

61 Un Étui en jaspe héliotrope monté en or; dessous est gravé en creux une tête de Domitien pour servir de cachet.

62 Une Chaîne de montre en or garnie d'onix orientales, avec deux petits bustes et une clef en même matière formant cachets.

63 Une petite Montre en bague, entourée de roses et montée en or.

64 Un Couteau manche en nacre de perle et lame en or.

65 Un Bracelet en or avec fleurs ciselées en relief, et enrichi de brillans et turquoises.

66 Quatre Croix en or émaillé, dont trois de Saint-Louis et une de la Légion d'Honneur.

67 Une autre Croix, Mérite de Pologne, garnie de petites roses.

68 Un Cachet onix intaille, Mutius Scévola mettant sa main sur un brasier. Manche d'ivoire monté en or.

69 Une Clef de montre, agate, montée en or.

70 Petite Mosaïque ancienne, représentant un oiseau avec un cercle émaillé en or.

71 Deux petits Emaux sur or bleu de ciel, avec fleurs.

72 Une Parure composée d'un collier et de boucles d'oreilles en aigue-marine et grenats, montée en or.

73 Une Parure en grenats, composée d'un peigne, d'un collier, des boucles d'oreilles et des bracelets.

74 Une autre *id.*, bracelets et collier.

75 Une Croix et une paire de Boucles d'oreilles en opales fausses, montées en or.

76 Un Collier et Boucles d'oreilles en perles fines et camées coraux, montés en or.

77 Deux paires de Boucles d'oreilles, une en pierre des amazones, l'autre en corail.

78 Un Peigne en argent doré garni de perles, imitation.

79 Un Rang de 85 perles fines.

BAGUES, ÉPINGLES ET PIERRES FINES.

80 Monture en bague d'or. Topaze orientale entourée de 22 brillans.

81 Monture en bague d'or. Saphir entouré de 16 brillans.

82 Monture en bague d'or. Turquoise entourée de 18 brillans.

83 Monture en bague d'or. Jonc composé de 9 roses.

84 Monture en bague. 3 Roses.

85 Une Bague. Petit rubis entouré de 12 roses.

86 Une Bague composée de cinq turquoises et 4 brillans.

87 Une Bague. Grosse améthiste.

88 Une autre. Petite améthiste veloutée.

89 Une petite Bague. Améthiste entourée de 20 roses.

90 Une Bague d'une rose.

91 Une autre Bague. Deux turquoises et un brillant au milieu.

92 Une Bague. Péridot.

93 Une autre. Topaze rose.

94 Une petite Bague. Cinq opales.

95 Monture en épingle. Émeraude entourée de 12 brillans et 12 roses.

96 Monture en épingle. Saphir entouré de 14 brillans et 12 roses.

97 Monture en épingle. Rubis d'Orient entouré de 9 brillans et 12 roses.

98 Monture en épingle. Opale entourée de 12 brillans.

99 Monture en épingle. Turquoise entourée de 10 brillans et 12 roses.

100 Une Épingle. Brillant.

101 Une Épingle. Rose entourée de 10 autres petites.

102 Une Épingle. *P*. en roses entouré de petites pierres.

103 Épingle en or, incrustée de 4 brillans, 4 turquoises et un rubis.

104 Une Plaque de bracelet d'un brillant entouré de 10 petits.

105 Une Plaque de collier. Topaze entourée de pierres table.

PIERRES FINES NON MONTÉES.

106 Une Pierre non montée. Améthiste forme ronde.

107 Une autre *id*. Grenat.

108 Une autre *id*. Topaze rose.

109 Une autre *id*. Grenat.

110 Une autre *id*. Rubis balais, forme hexagone.

111 Une autre *id*. Topaze d'Orient, même forme.

112 Une autre *id.* Péridot, forme ronde.

113 Une autre *id.* Aigue-Marine.

114 Une autre *id.* Hyacinthe.

115 Une autre *id.* Améthiste peu foncée en couleur.

116 Une autre *id.* Topaze de l'Inde.

117 Une autre *id.* Améthiste blanche, forme hexagone.

118 Une autre *id.* Hyacinthe, forme ronde.

119 Une autre *id.* Brillant jaune clair.

120 Une autre *id.* Demi-Brillant.

121 Une autre *id.* Pierre du soleil non montée.

122 Trois Rubis d'Orient, dont une pendeloque, un carré et un autre ovale.

123 Cinq Saphirs, dont deux hexagones blancs, deux petits et un avec armes gravées.

124 Deux Émeraudes, dont une montée.

125 Deux Améthistes ensemble; l'une blanche, l'autre foncée en couleur.

126 Deux Topazes, même singularité; l'une claire, l'autre foncée.

127 Treize Boîtes remplies de petites opales.

128 Trois Topazes du Brésil.

129 Une Chrysoprase.

130 Un lot de Grenats et Rubis.

131 Un lot de Turquoises.

132 Collection de Boutons en lapis, agate, malachite, jaspe, etc., etc.

133 Cinquante-cinq Topazes du Brésil.

BOUCLES D'OREILLES ET BOUTONS DE CHEMISES.

134 Une paire de Boucles d'oreilles, composée de 18 roses chacune, Boutons et Pendeloques.

135 Une paire *id.* Brillans jaunes, forme boutons.

136 Une paire *id.*, composée de huit brillans chaque. Forme boutons

137 Une paire *id.* Turquoises entourées de brillans. Forme boutons.

138 Deux Boutons de chemises, formés de 4 brillans chaque, en croix.

139 Un autre *id.* Brillant, monture forme de trèfle.

140 Un autre *id.* Brillant, monture à huit pans.

141 Un autre *id.* Gros brillant, même forme, bord ciselé.

142 Un autre *id.* Brillant, monture à quatre pans.

143 Deux Brillans, monture carrée, ciselés au bord.

144 Un Bouton. Chatoyante entourée de 21 roses.

145 Un Bouton. Agate herborisée entourée de turquoises.

146 Deux Boutons émaillés ; l'un perle d'Écosse, l'autre perle fine.

PIERRES GRAVÉES ET CAMÉES MONTÉS ET NON MONTÉS.

147 Sardoine intaille. Triomphe de Priape; montée en or.

148 Agate en relief. Une tête de Pertinax laurée; montée en or d'Italie.

149 Cornaline en creux. Tête d'Antinoüs; monture ancienne en or.

150 Agate onix à trois couches. Tête de femme voilée. Camée du XVIe. siècle; monture en or.

151 Sardoine en creux. Faune versant de l'eau dans un vase.

152 Agate. Tête de Romain avec barbe; montée en or d'Italie.

153 Nicolo. Victoire tenant une couronne et une palme; monture en or en creux.

154 Agate onix. Tête de Minerve casquée; camée monté en or.

155 Agate en relief. Tête de Psyché; montée en or d'Italie.

156 Cornaline en creux. Tête d'Érigone; montée en or.

157 Cornaline en creux. Soldat consultant un serpent; monture en or.

158 Tenero duro. Tête d'homme; camée monté en or d'Italie.

159 Jaspe rouge. Inscription latine en creux; monté en or.

160 Cornaline intaille. Tête de Socrate; monture en or.

161 Sardoine intaille. Sacrifice à Priape; montée en or.

162 Agate en relief. Tête de Caligula; montée en or d'Italie.

163 Cornaline en creux. Faune assis sur une chèvre, une coupe et un thyrse à la main; monture en or.

164 Sardoine intaille. Mercure debout; montée en or. Antique.

165 Agate onix du XVIe. siècle. Tête d'ange de face; montée.

166 Saphir antique. Scarabée; monté en or.

167 Agate en relief. Tête de vestale; montée.

168 Trois Bagues. Une agate, tête d'homme; un jaspe sanguin, tête de Caracalla; et un amour, sur lapis.

169 Cornaline intaille. Tête de léopard avec un nom grec; montée en or.

170 Cornaline en creux. Hercule terrassant le lion de Némée; monture en or.

171 Tête de Flore, camée. Agathe onix à quatre couches; monture en bague d'or.

172 Onix à trois couches. Tête d'Auguste laurée, en relief et montée en or.

173 Sardoine intaille. Tête d'Ulysse casquée; monture ancienne en bague d'or.

174 Grenat syrien. Tête de dame Romaine, en creux; monté en bague d'or.

175 Cornaline intaille. Iris; monture en or.

176 Agate en relief. Bacchante s'enivrant; pierre du XVIe. siècle, montée en bague d'or.

177 Sardoine intaille. Jupiter et Léda; monture en bague d'or.

178 Camée du XVIe. siècle, en relief. Amour sonnant de la trompe et traîné par deux chiens; monture en or d'Italie.

179 Cornaline intaille. L'Amour et Psyché; montée en or.

180 Sardoine. Omphale revenant chargée de la peau du lion et de la massue d'Hercule. Cette jolie pierre est en creux et porte le nom de Pickler écrit en grec.

181 Camée en relief, monté en bague d'or. Brutus et Cassius; tenero duro.

182 Cornaline intaille. Achille au tombeau de Patrocle; montée en or.

183 Sardoine intaille. Marche de Silène; monture en or.

184 Onix à trois couches. Soldat le pied sur une tête d'Épervier; montée en bague d'or.

185 Cornaline en creux. Faune travaillant; montée en or.

186 Sardoine en creux. Mercure son caducée à la main.

187 Sardoine intaille. Faune jouant avec une chèvre; montée en or.

188 Sardoine en creux. Tête de Julia Titi; non montée.

189 Camée agate onix. Mascaron de vieillard vu de face; non monté.

190 Malachite gravée en relief. Mars dans un bige.

191 Agate onix à quatre couches. Tête de vierge de ronde bosse, travail du XVIe. siècle.

192 Cornaline brûlée. Tête de Minerve casquée; en relief.

193 Agate en relief. Tête de Ptolémée.

194 Monture en épingle. Tête d'Apollon, sur agate onix d'un très beau travail; elle porte le nom de Heller, fameux graveur suédois du temps de Louis XV.

195 Monture en épingle. Sacrifice à Priape; agate en relief.

196 Agate onix, non montée. Tête de femme vue de face.

197 Camée, jaspe sanguin. Hercule Farnèse.

198 Camée, agate. Tête de Minerve casquée.

199 Agate onix, montée en or. Tête de soldat Romain.

200 Agate orientale. Tête d'Adrien, les cheveux bouclés; en relief.

201 Tenero duro. Tête de Marc Aurèle.

202 Camée. Lion sur corniole rouge.

203 Agate onix. Buste de Napoléon vu de profil.

204 Tête d'Alexandre, intaille sur jaspe vert.

205 Tête de faune, sur agate onix.

206 *Id.* Tête de Lucrèce voilée.

207 Saphir girasol. Tête de Mercure; intaille avec un nom grec.

208 Matières diverses. Vingt-cinq camées en relief.

209 Un Écran composé de vingt pierres du XVIe. siècle.

210 Camée antique, trouvé à Nîmes. Tête de Minerve casquée.

211 Matières diverses. 10 Camées en relief.

OBJETS D'ORFÉVRERIE.

212 Argent. Deux Feuilles avec leurs crabes servant de salières en filigrane chinois.

213 Argent. Une petite Croix en filigrane. Travail du Mexique.

214 Argent. Une petite Corbeille avec anses, en fils d'argent; travail chinois.

215 Argent. Un grand Plat rond en filigrane; ouvrage des Espagnols du Mexique.

216 Argent. Le Christ à la colonne, monté sur un socle en porphyre oriental.

217 Argent. Deux Fruits sur leurs feuilles, en filigrane; travail chinois des plus remarquables.

218 Argent. Une Corbeille ronde avec anses, fleurs et oiseaux repoussés; le travail est du Pérou. Elle porte la date de 1663.

219 Argent doré. Vidercum repoussé et ciselé du temps de Louis XIII; une figure de femme en forme l'anse; le pourtour représente le jugement de Pâris. Quoique le travail ne soit pas un des plus fins de l'époque, il y a pourtant des parties fort belles, et la forme en est magnifique.

220 Argent. Une petite Pagode ou temple de divinité indienne.

221 Argent. Deux petits Chandeliers anciens.

222 Cuillère en burgos, montée en argent.

223 Une Garde d'épée en fer ciselé, du temps de Louis XIII, relevée de sujets en argent du plus beau faire. Au dedans de la coquille, l'on voit Noé sortant de l'arche et se prosternant devant Dieu, et Caïn tuant Abel; le dehors représente le jugement de Salomon et la conversion de saint Paul; sur les côtés sont deux figures debout d'un bon style : la Force et la Justice.

224 Argent. La Cathédrale de Strasbourg réduite à une ligne pour deux pieds, exécutée par un moine nommé Jacques Traiteur. Elle

porte la date de 1580, que nous croyons apocryphe. C'est plutôt au siècle de Louis XIV que nous donnerions ce petit chef-d'œuvre de patience et d'orfévrerie.

VASES, COUPES, ETC., EN MATIÈRES PRÉCIEUSES.

225 Jade verdâtre. Saucière à anse prise dans la masse ; travail chinois.

226 Jade blanc. Petite Coupe oblongue ornée de gravures en relief.

227 Agate orientale mamelonnée. Petite Coupe avec sa soucoupe de forme ovale ; la coupe a un éclat.

228 Agate orientale. Une petite Coupe forme de coquetier.

229 Agate orientale mamelonnée. Coupe ovale et peu profonde.

230 Agate orientale. Petite Coupe ovale.

231 Cristal de roche. Petite Coupe ovale contournée, enrichie de gravures, avec ses deux petites anses du temps en argent ciselé.

232 Agate. Deux petites Coupes et leurs soucoupes montées en argent doré.

233 Cristal de roche. Un Plateau garni de six verres et d'un petit flacon dont le bouchon, figurant une grappe de raisin, est en or.

234 Deux Colonnes vert d'Egypte, chapiteaux corinthiens en bronze doré.

235 Quatre Colonnes cannelées en rouge antique.

236 Une centaine de Plaques agate, jaspe, pudding, chrysoprase.

237 Un lot de Boîtes, Plaques et Cuvettes dépareillées.

238 Deux Boites en caillou d'Egypte non montées.

239 Une petite Boîte *id.*, cornaline, et une Cuvette agate d'Allemagne.

240 La Vierge et son fils en corail.

241 Deux Morceaux de Labrador.

242 Une Cuvette agate orientale et une Pomme de canne jaspe panthère.

MARBRES, PORPHYRE ET GRANIT.

243 Flore, jolie statue en marbre blanc, par Petitot.

244 Marbre blanc. La Frileuse, d'après Houdon.

245 Un Bas-relief ovale en marbre blanc. Enfans mangeant des raisins.

246 Un Bas-relief très-fin du XVIe. siècle, représentant le Jugement de Salomon.

247 Un Buste de Bacchante, par Chinard, plus grand que nature.

248 Une Figure égyptienne, en rouge antique, sur un socle, et sa plinthe en vert de mer. Cette petite statue provient de la vente de M. Denon.

249 Un Obélisque en porphyre oriental sur son socle, aussi en porphyre; il est fracturé par le milieu.

250 Une paire de Vases, petit antique à anses prises dans la masse.

251 Un petit Tombeau en marbre noir.

252 Deux petits Vases vert antique, sur socles bleu-turquin, garnis en bronze doré.

253 Petit Vase en vert antique, monté richement en bronze doré; il est d'une jolie forme, et des serpens entrelacés en forment les anses.

254 Une petite Coupe en jaune antique.

255 Deux petites Colonnes en jaune antique, chapiteaux en bronze doré.

256 Un petit Bain avec pieds à griffe, en rouge antique.

257 Quatre autres plus petits, en même matière.

258 Deux Médaillons d'empereurs romains, en rouge antique.

259 Une Tête de Pertinax, en rouge antique.

260 Un Vase avec son couvercle en porphyre de Suède.

261 Deux petits Vases, même matière, montés en bronze sur socles griotte.

262 Statuelle d'une dame romaine, en porphyre oriental et rouge antique.

263 Un gros Mortier en granit des Vosges.

264 Une petite Coupe en albâtre oriental.

265 Deux Socles vert de mer, montés en bronze.

266 Deux petits Socles ronds serpentin vert.

267 Deux Fûts de colonnes serpentin des Vosges.

268 Deux Socles de forme carrée en brêche africaine.

269 Plusieurs Socles en granit rose d'Égypte et autres matières.

IVOIRES.

270 Un beau Groupe du temps de Louis XIII Les trois Parques : Clotho tient la quenouille, symbole de la vie; Lachesis file, et Atropos, la plus âgée des trois, les ciseaux à la main, s'apprête à couper le fil de nos jours. Le travail est flamand.

271 Un autre Groupe. Les Saisons, représentées par quatre figures d'enfans.

272 Un Cylindre. Les quatre Saisons avec leurs attributs; la plaque de dessous est en argent.

273 Un Panier chinois sculpté et travaillé à jour; fleurs en relief coloriées.

274 Un autre Panier, sujets chinois, sculpté et découpé à jour ; d'un très beau travail.

275 Christ d'un seul morceau, magnifique sous le rapport de l'art. Le sentiment avec lequel il est exécuté, la beauté du modèle, le fini des mains et des pieds, démontrent évidemment qu'il ne peut être l'ouvrage que de François Flamand, de Girardon, ou de quelques autres grands artistes.

276 Un Chinois souriant.

Je n'ai pas besoin de faire observer à MM. les Amateurs que les ivoires chinois sont extrêmement rares; sans garantir l'authenticité de celui-ci, les gravures et les ornemens nous paraissent bien avoir le caractère du pays.

277 Deux Bas-reliefs cintrés. L'Adoration des Mages, et le Christ et les deux larrons en croix.

278 Une Coupe de forme longue. Syrènes enchaînées l'une à l'autre au milieu d'herbes marines; le couvercle représente des enfans traînés par des dauphins; la monture est en argent doré.

279 Un petit Coffre gothique du milieu du XVe. siècle. Tout autour sont sculptées des figures en os; sur le couvercle on voit deux anges supportant un écusson ou un cœur:

c'étaient les coffres de mariage d'autrefois ; ils servaient à contenir les bijoux de l'épousée.

280 Un Christ sur une croix en bois d'ébène.

281 Une Vache chinoise allaitant son veau.

282 Dyptique gothique décoré de huit bas-reliefs sculptés d'un travail très ancien : ils représentent des passages de la vie de Jésus-Christ et de la Vierge.

283 La Vierge pleurant son Fils mort. Ivoire gothique extrêmement ancien.

284 Deux petits Bas-reliefs encadrés. Clélie et ses deux compagnes traversant le Tibre à la nage, et le dévoûment de Curtius.

285 Deux Évangélistes montés sur socle en ivoire.

286 Une Rape à tabac : Pluton enlevant Proserpine.

287 Une autre *id*. Ivrogne assis sur un tonneau, un verre et une bouteille à la main.

288 Hermaphrodite. Jolie petite statue d'un travail très fin et italien.

289 Une Femme endormie. Travail flamand.

290 Vieux Chapelet de la fin du XVe. siècle, monté en argent. A la tête du Chapelet sont sculptés, sous une espèce de dais, le roi, qui ressemble assez à Charles VIII ; la reine et le pape ; les perles sont enrichies d'une multitude de petites têtes figurées sous des

niches avec les coiffures du temps. L'antiquaire à qui M. Montfort l'échangea, prétendait qu'il avait appartenu à Henri III, et que c'était celui qu'il avait coutume de défiler au milieu des bals.

291 Un Éventail fond découpé à jour et sujets chinois sculptés en relief.

292 Une Coupe chinoise en ivoire, sculptée et dorée par place.

293 Un magnifique Ivoire représentant deux Satyres portant une femme sur leurs épaules. Le fini et la dimension de ce beau groupe le rendent un des plus précieux morceaux de ce genre; nous n'osons l'affirmer de François Flamand, mais il est évidemment de cette riche époque.

BOIS SCULPTÉS.

294 Une Gaîne de couteau du temps de Henri IV : sujets de la vie du Christ et des merveilles de la création; sur les côtés sont représentés les douze apôtres. Cette petite Gaîne, qui est fine et bien conservée, porte la date de 1599 et les initiales W. G. W.

295 Un petit Reliquaire grec du XVIe. siècle, sculpté et découpé à jour : d'un côté on voit Moïse avec les tables de la loi; de l'autre, la

Vierge et l'Enfant Jésus au milieu de feuilles et de petites têtes de saints.

296 Poivrière en bois de coco avec bas-relief représentant des buveurs. Une autre *id.*, dont le couvercle manque, aussi en coco : danse de villageois.

297 La Vierge tenant l'Enfant Jésus. Les pieds et une main de l'enfant sont brisés.

298 La Vierge et saint Jean prêchant.

299 Une Chinoise donnant à têter à son enfant ; en bois de sental.

300 Un Chinois *id.* riant d'un gros rire et se grattant l'oreille.

301 Chinoise *id.* un parapluie à la main.

302 Andromède. Petite figure sur socle en bois.

303 Saturne, appuyé sur sa faulx, s'apprêtant à dévorer un enfant.

304 Un petit Bas-relief en bois, dans le genre de Clodion : femme de satyre et ses enfans.

305 Une petite Figurine de Cybèle ; elle a la tête couronnée d'épis.

306 Saint Georges terrassant le dragon ; bas-relief de forte saillie et du plus beau travail italien.

ÉMAUX SUR CUIVRE.

307 Grisaille. Un beau Plat rond, travail du XVIe. siècle, d'après les dessins de Jules Romain. La Manne tombée du ciel.

308 Un autre grand Plat de même forme, Apollon et les Muses ; grisaille.

309 Grisaille. Un Plat forme ovale, la Manne tombée du ciel. Cette composition, qui est dessinée avec la plus grande pureté et d'un style élevé, rappelle les belles productions de Nicolas Poussin.

310 Un Plat ovale du temps de Henri II, sujet inconnu ; on y lit le nom de COURTOIS écrit en lettres d'or.

311 Deux Salières coloriées, du même temps ; à l'entour sont les douze dieux de la fable et des figures allégoriques. Le creux des salières représente Orphée attirant les arbres et les animaux aux sons de sa lyre, et Eurydice piquée par un serpent en cueillant des fleurs.

312 Le Christ portant sa croix ; émail allemand plus ancien que les précédens : il est du commencement du XVIe. siècle, et fait d'après les grandes compositions d'Albert Durer. La conservation en est parfaite.

313 Un Flambeau dont le pied est décoré par des sujets relevés en bosse : les douze travaux d'Hercule.

314 Un Coffre à bijoux représentant divers sujets, tels que l'Enlèvement d'Europe, Méléagre et Atalante, le dieu Bacchus, Orphée, etc. La monture est en bronze doré et du temps.

315 Une Coupe ronde, sans couvercle : Enlève-

ment d'Hélène ; elle est signée P. COURTOIS, en toutes lettres.

316 Émail colorié ovale. Concert, dans un cadre en bois doré ; initiales P. C., fabrique de Limoges.

317 Une Coupe ronde bien conservée : Loth et ses filles.

318 Une petite Assiette ronde : Adam et Ève.

319 Deux sujets carrés encadrés : Combats d'hommes à pied et à cheval.

320 Email très curieux de Limoges, carré : c'est François Ier. en saint Jean prêchant dans le désert ; sa femme et sa mère sont à ses pieds, qui l'écoutent sous des figures de saintes. Quoiqu'il ait un peu souffert, il peut cependant être restauré, les têtes n'étant point endommagées.

321 Deux sujets ronds encadrés : Judith coupant la tête à Holopherne, et Esther devant Assuérus ; fabrique de Limoges.

322 Un Émail carré : Jésus-Christ adoré par les anges.

323 Un Ovale : Judith et Holopherne ; fabrique de Limoges.

324 Grisaille. Une Coupe et son couvercle ; à l'intérieur, Adam et Ève cueillant le fruit défendu.

325 Grisaille. Une autre Coupe ronde : Tritons et Naïades.

326 Une Aiguière sans anse, coloriée, fabrique de Limoges.

327 Grisaille. Histoire d'Énée, enrichie d'arabesques et de têtes d'hommes et de femmes encadrées dans des médaillons.

328 Le Christ au Roseau, émail colorié de Limoges.

329 Un petit Émail encadré: Jupiter et Léda.

330 Jésus et les deux Larrons, émail ancien, dans un cadre du temps très curieux.

331 Une grande Théière en émail de Chine sur son pied.

332 Quatre petites Tasses en émail chinois.

333 Deux petites Théières *idem*.

FAIENCE DE BERNARD DE PALISSY ET DE FAENZA.

334 Un grand Plat rond de Palissy, avec serpens et poissons; il est rare d'en rencontrer d'aussi grands.

335 Un grand Plat ovale, serpens et poissons.

336 Un autre petit Plat rond: Persée délivrant Andromède.

337 Deux petits Sucriers formés de fleurs et de fruits.

338 Un dessus de Table de Faenza: Cybèle et Bacchus traînés par des lions.

339 Un grand Plat rond *idem* entouré d'un cercle de cuivre.

340 Une Fontaine avec son couvercle.

341 Deux Assiettes : Prisonnier amené devant un Roi, et Céphale et Procris.

342 Une Coupe : Femme changée en arbre.

LAQUE DE CHINE ET VERNIS DE MARTIN.

343 Deux petits Cabinets anciens en laque aventuriné, remplis de petits tiroirs.

344 Un Encrier monté en bronze doré, à rocailles, du temps de Louis XIII ; il a été acheté dans la maison qu'habitait le cardinal de Richelieu.

345 Deux grands Plats ronds ; dessins or sur fond noir.

346 Une Cantine contenant deux bouteilles, quatre boîtes, quatre plateaux, laque ancien ; fond noir semé de fleurs d'or.

347 Une Boîte à jeu, carrée ; fond noir avec sujets en or.

348 Un petit Encrier en laque ancien ; monture en bronze doré.

349 Deux petits Cabinets s'ouvrant en deux ; fond noir à fleurs d'or ; l'intérieur est rempli de petits tiroirs.

350 Une Boîte carré long, garnie de trois encriers en bronze doré ; le fond est noir aventuriné rehaussé de fleurs d'or.

351 Flûte chinoise en laque burgoté; oiseaux et fleurs.

352 Une Tasse et sa soucoupe en laque burgoté.

353 Un grand Plateau carré en laque burgoté à fleurs.

354 Une Boîte de forme originale, surmontée d'un coq.

355 Une petite Boîte carrée en laque très fin.

356 Deux petits Plateaux carrés.

357 Beaucoup de Débris de boîtes et Morceaux en laque.

358 Laque de Martin. Un Étui non monté; dessins verts sur fond jaune.

359 Un grand et beau Coffre *id.*, avec les anses et le bouton en bronze doré. Les peintures sont du fameux Coypel, et représentent Moïse frappant le rocher, et l'adoration du veau d'or.

360 Vernis de Martin. Un petit Nécessaire; paysage avec figures sur fond or.

BRONZES ANCIENS ET MODERNES.

361 Modèle. Énée emportant son père Anchise. Ce bronze est la première pensée du beau groupe de Lepautre, que l'on voit aujourd'hui dans le jardin des Tuileries.

362 Neptune armé de son trident.

363 Un autre *id.*, modèle.

364 Silène tenant Bacchus dans ses bras.

365 Un homme assis écrivant sur une tablette; florentin.

366 Une Léda et une dame romaine sur socle en marbre.

367 Un Buste de Molière grand comme nature.

368 Petit Groupe : Silène et deux bacchantes sur un socle en marbre noir.

369 Un Porte-Montre : le Temps sur socle en griotte.

370 Une Bacchante et un petit Satyre sur socle en bronze, d'après Clodion.

371 Deux Iris : l'une sur socle en jaune de Sienne, l'autre, en bronze doré.

372 La Vénus pudique.

373 Deux Lacédémoniennes combattant.

374 Deux Socles : triomphe de Silène; montés en brocatelle.

375 Deux autres Socles plus grands, d'après François Flamand, et deux autres *id.* surmoulés.

376 Un Buste de Girodet.

377 Une petite Vénus accroupie et un Buste d'Auguste.

378 Un Bronze chinois : Mandarin.

379 L'Apollon du Belvédère et la Vénus Callipige.

380 Un Cheval sur socle jaune de Sienne.

381 Deux Femmes assises ; bronzes chinois.

382 Une Vestale tenant un plateau, et un Serre-papier : ancre et ballots.

383 Un Vase à brûler des parfums.

384 Deux Vases forme Médicis, avec anses, sur socles griotte.

385 Un beau Buste du cardinal de Richelieu.

386 Un Cheval et un Taureau sur socles en ébène ; florentin.

387 Un Lion et un Tigre sur socle griotte.

388 Un Sanglier sur socle en marbre, et deux petits Bustes de Jean-Jacques et Voltaire.

389 Hercule combattant Cerbère ; florentin.

390 L'Abondance endormie, serre-papier, et un Faune agenouillé, tenant une corne.

391 Un Écorché en bronze.

392 Femme tenant une corbeille de fruits, sur socle vert-antique.

393 Deux belles Têtes anciennes en bronze : Constantin et Cicéron.

394 Groupe. Neptune et Amphytrite.

395 Le Temps assis, tenant sa faux ; sur socle en griotte.

396 Une Veilleuse, Amour, et une Pelotte, en bronze.

397 Un Ange florentin.

398 Hercule terrassant l'Hydre de Lerne.

399 Une Hébé, bronze florentin, sur socle de boule.

400 Un petit Dieu égyptien et un Enfant, sur socle jaune-antique.

401 L'Empereur Trajan tenant un lis à la main, et un Évangéliste.

402 Deux Lampes à la Carcel.

403 Une Divinité indienne, sur son socle en bronze.

404 Quatre Bas-reliefs ovales, d'après l'antique, sujets romains.

405 Deux Bronzes montés : Flore et la Fortune, les yeux bandés.

406 Un petit Mercure antique, caducée d'une main et une bourse de l'autre.

407 Un Buste de femme antique ; il est couronné de feuilles.

408 Un petit Vase chinois à brûler des parfums.

409 Un Bas-relief en bronze, Sainte-Famille.

410 Un petit Dieu égyptien portant une urne sur la tête ; derrière est une inscription hiéroglyphique.

411 Une Tête de Faune.

412 Un lot de petits Bronzes antiques et florentins. Cet article sera divisé.

TERRES CUITES.

413 Deux belles Terres cuites de Clodion faisant pendans : Satyres et Bacchantes, sur des socles de boule.

414 Deux autres *idem*, par Sigisbert : Vénus et Antinoüs.

415 Deux petits Bustes de femme, par Marin : Flore et Cérès.

416 Un autre petit buste du même : la Pudeur.

417 Une Figure en pied de Clodion : Femme portant une corbeille de fruits.

418 Un petit Groupe d'enfans, par Clodion.

419 Une Terre cuite de Falconet : Femme couronnant un portrait qui nous paraît être celui de Bailly.

MOSAIQUES.

420 Trois Dessus de commodes avec armoiries.

421 Une Mosaïque de Florence : Paysage, avec temple sur la droite.

422 Une autre ancienne : Souris s'apprêtant à manger les œufs d'un oiseau.

423 Grande Table carrée : Oiseaux de toute espèce.

424 Une *idem* antique, entourée d'une bordure grecque en lapis.

425 Une autre de Florence: Vue d'Italie.

426 Une *idem* ancienne: Tête d'Erigone, dans un cadre en bronze doré, orné de grappes de raisins.

427 Une autre de Florence, Vase de fleurs.

PENDULES ANCIENNES ET MODERNES.

428 Une Pendule en bronze. Ajax.

429 Une autre *idem* du temps de Louis XV, en bronze doré: Vase avec Amours.

430 Une autre *idem:* la Lecture et l'Etude, aigle sur le sommet du cadran.

431 Une Pendule marchant six mois, de Verneuil.

432 Un Molière en bronze doré.

433 Une autre *idem:* l'Amour appuyé sur son carquois.

434 Une petite Pendule à rocailles, sur son socle, en bronze doré.

435 Une autre, argentée et dorée mat, surmontée d'un Amour et d'un papillon.

436 Une autre, colonne cannelée, surmontée de deux colombes, en bronze doré.

437 Une Flore, en bronze doré.

438 Une autre en acajou, avec thermomètre, sonnant les quarts.

439 Une Pendule ancienne, de Julien Leroy,

allant six mois et marquant les phases de la lune, les jours de la semaine et les quantièmes du mois.

440 Une Pendule en bronze doré : la Lecture.

441 Une Pendule en bronze doré, colonnes cannelées surmontées d'un vase de fleurs.

442 Une autre ancienne, enfant debout s'appuyant sur le cadran.

443 Une Pendule du temps de Louis XVI, en marbre blanc, garnie de bronzes dorés, avec un jeu de flûte.

444 Une autre petite, du même temps, surmontée d'un petit vase.

445 Trois Pendules en marqueterie, avec leurs pieds.

446 Une autre *idem* en bois de rose, garnie de bronzes.

447 Une Boîte de pendule carrée en marqueterie.

448 Un Régulateur de Lepaute dans sa boîte en acajou.

VITRAUX.

449 Un Vitrail du XVe. siècle : Homme à qui l'on va couper la tête.

450 Quatre Vitraux grisailles : le Christ au roseau, David et Goliath, Dévoûment de Curtius et le Siége d'un fort.

451 Quatre autres Vitraux grisailles : une Des-

cente de Croix, un Évangéliste, Vision de saint François, et des Armoiries.

452 Un Vitrail du commencement du XVIe. siècle : Adoration du veau d'or.

453 Deux autres *id.* : Condamné à qui un prêtre donne l'absolution, et un Homme en prières.

454 Un autre *id.* : la Vierge au milieu des apôtres.

455 Un autre : vieux Prêtre un encensoir à la main.

456 Un *id.* : Prêtre agenouillé devant un prie-Dieu.

ANTIQUITÉS.

457 Sarcophage, ou bière en bois peint d'une momie d'Égypte.

458 Cinq Canopes égyptiens, dont quatre en albâtre oriental; l'un d'eux porte une inscription hyérogliphique.

459 Un petit Ours antique non décrit ; on présume que c'était une lampe romaine; plusieurs ont voulu que ce soit un poids. Mais cette opinion est peu probable : car à quoi pourrait avoir servi le trou qui existe au-dessus du front? La pose naturelle et le fini de ce petit Bronze en font, au dire des connais-

seurs, un des plus précieux morceaux de l'antiquité.

460 Un Bracelet antique d'une forme très curieuse et inconnue.

461 Une Collection d'Urnes, Vases et Lacrymatoires antiques, composée de 18 pièces.

462 Plusieurs Stelles antiques.

ARMES FRANÇAISES ET ORIENTALES.

Suite d'Armes de la Renaissance, se composant de 25 pièces, savoir :

463 Un Fusil à huit coups du temps de Henri II. Il est à mèche et chargé d'incrustations en ivoire de la plus grande finesse et de la plus belle conservation : c'est le premier fusil de ce genre que l'on connaisse jusqu'à présent. Il manque au Musée d'artillerie.

464 Un Fusil à rouets, du même temps, tout couvert d'incrustations en ivoire, d'arabesques et de figures entrelacées ; il est du milieu de la Renaissance, et fait d'après les dessins de Jules Romain ; la batterie est gravée et le canon à mille raies. Comme art, il est impossible de voir rien de plus beau : c'est un des plus précieux de la Suite.

465 Une Canardière du temps de Louis XIII, à rouets, avec des incrustations si délicates,

qu'on les croirait dessinées; elle a cinq pieds et demi de long et pèse au plus trois livres. On lit sur la crosse, dans une plaque en ivoire: *N. K. fecit* et la date de 1637; la batterie est du travail le plus élégant; elle a sa clé pour la monter, et le tout est dans un état parfait.

466 Un Fusil du commencement du XVIe. siècle, à rouets, avec incrustations admirables en ivoire et des sujets sculptés en relief; la crosse et le bois du canon représentent des chasses et des combats d'hommes à cheval. On suppose que cette Arme, qui est du travail le plus beau et superbe de conservation, a appartenu à François Ier.

467 Un Fusil du temps de François Ier., à rouets, avec incrustations en burgos, nacre de perle et cuivre; sa batterie est gravée, et la forme en est très curieuse.

468 Une Carabine de chasse du temps de Henri IV, en bois sculpté; elle est enrichie de sujets représentant des cerfs poursuivis par des chiens; sur la crosse, deux lions soutiennent les armoiries d'un évêque, et autour des armes on lit cette légende:

Conradus Wilhelmus. D. G. *Episc. Herb.* S. R. I. P. I. O. D.

469 Un Fusil de rempart du temps de Henri III, à rouets; il est orné de sujets en ivoire incrus-

tés, représentant des chasses et toutes sortes d'animaux.

470 Une Arquebuse du temps de la Ligue, à crosse recourbée, enrichie d'incrustations en ivoire; elle est à mèche. Ces sortes de fusil sont extrêmement rares : notre Musée d'artillerie n'en possède que deux.

471 Une Carabine de la même époque, en bois des îles, ornée d'incrustations en ébène et nacre de perle; le canon est triangulaire, ce qui se rencontre peu fréquemment.

472 Un petit Fusil turc du XVIe. siècle; il est à rouets, avec dessins en acier découpés à jour, et assez curieux par sa forme.

473 Un autre Fusil à mèche du temps de Charles IX, avec dessins et arabesques incrustés en ivoire. Il est encore d'une forme différente des autres, et fin de travail.

474 Carabine de la fin du siècle de Louis XIV, à pierres et à triple détente; elle est incrustée en ébène, cuivre et nacre de perle, et le bois de la crosse est sculpté en plusieurs endroits.

475 Une Carabine du temps de Louis XIII, ornée d'incrustations en ivoire; la crosse porte un écusson en nacre de perle; la batterie, qui est gravée, représente des chasses.

476 Carabine à rouets de la fin du XVIe. siècle, avec incrustations et filets en ivoire; elle est

ornée de dessins et têtes dans le goût de la renaissance.

477 Carabine de chasse, à rouets, du siècle de Louis XIV. Le bois est couvert de sculptures et enrichi de bronzes ciselés et dorés. La batterie, en acier gravé, représente une chasse au cerf, du plus beau travail : c'est une chose admirable comme finesse et exécution.

478 Un autre Fusil, du milieu du siècle de Louis XIV, à rouets, dont la garniture est en acier ciselé et gravé. La batterie figure des combats d'hommes à cheval. Il est au moins aussi beau que le précédent. Ces deux armes manquent encore à notre Musée national.

479 Petite Carabine, à rouets, avec batterie gravée et monture en corne de cerf.

480 Un Fusil à pierre, ayant été fait pour Charles X, comte d'Artois. Le bois est gravé et le canon ciselé à coquilles, et arabesques en relief. Il est tout damasquiné en or et porte des C entrelacés.

481 Un Pistolet d'arçon du temps de Henri III, à rouets, avec incrustations en ivoire.

482 Canon en fer ciselé en relief, du XVIe. siècle, enrichi de médaillons, représentant différens sujets ; un entre autres, où l'on voit un homme et une femme, traînés par plusieurs chevaux, que l'on croit être Henri II et Diane

de Poitiers. Tout le bout est damasquiné en or.

483 Un autre Canon, du même siècle, avec médaillons en fer ciselé et damasquiné en or.

484 Deux Fers de Pertuisane; l'un du temps de Louis XIV, l'autre de forme flamboyante, du milieu du XVIe. siècle.

485 Une Espingole de la fin du règne de Louis XV; canon gravé en relief et damasquiné en or. Elle est à pierre, garnie et incrustée d'argent.

486 Une Poire à poudre, en corne, dont la garniture est gravée. Elle est du temps de Charles IX, et porte avec elle ses clefs pour monter l'arquebuse.

Cette belle Collection d'Armes ne sera point divisée.

---

487 Une Armure de tournois avec sa lance, de la fin du règne de Henri II, gravée et dorée. C'est une des plus élégantes que l'on connaisse. Le Musée d'artillerie qui en a de plus riches n'en possède aucune aussi belle de forme. Ceux qui voient Diane de Poitiers et Henri II, partout où se trouve des H. et des D. entrelacés, pourraient bien dire qu'elle a appartenu à ce grand roi, car elle porte son monogramme et de plus est couverte de petites fleurs de lys. Quant à nous, nous ne garantissons rien; mais les gravures et les arabes-

ques sont de si bon goût, que nous la croyons de travail italien. Elle est du même faire que les plus belles armures de Milan.

488 Une autre Armure gravée d'un comte de Flandre. La forme du casque est très originale. Elle porte des armoiries sur la cuirasse.

489 Magnifique Armure de chef Indien, en damas. Elle se compose de la tunique en velours noir, parsemée de clous d'or et garnie de quatre plaques en damas relevées de fleurs en relief, du casque et des brassards, même travail ; d'un sabre et d'un bouclier rond aussi en damas, entouré d'une guirlande de fleurs en saillie, et de quatre rosaces. Tous les éloges que l'on pourrait en faire ne serviraient à rien, les amateurs savent aussi bien que nous que ces sortes d'armures sont extrêmement rares, surtout complètes et aussi fines de damas que celle-ci est. Elle a été rapportée d'Angleterre où l'on disait qu'elle avait été prise sur un des fils de Tipoo Saïb, au siége de Seringapatam, en 1792.

490 Autre Armure en damas, composée d'une très belle cotte de maille garnie au sommet d'un velours rouge où se trouve cette inscription arabe :

La victoire de Dieu ouvre le chemin aux vrais croyans ;

d'un casque, d'un brassard. d'une plaque et d'un bouclier en peau de rhinocéros.

491 Carabine turque, ornée de petits clous de cuivre et d'incrustations en ivoire; elle est à pierre et le canon en damas.

492 Un autre Fusil turc, à pierres, aussi incrusté de petits clous de cuivre et d'ivoire formant toutes sortes de dessins orientaux. Il est riche de détails et le canon est damassé.

493 Damas noir, de Syrie, de la plus belle qualité, portant le nom de celui à qui il a appartenu écrit en caractères persans. Le manche est en ivoire rougi pour imiter le corail, et le fourreau, en chagrin, est garni en argent doré.

494 Damas blanc. D'un côté est cette légende : La victoire de Dieu attend ceux qui mettent leur foi dans Mahomet; de l'autre, ces trois inscriptions : Que Dieu m'accorde ses faveurs; Dieu le saint, le miséricordieux; s'il plaît à Dieu. Toutes trois encadrées dans des cercles d'or. Au bas de la lame est le nom du fabricateur, et la date de 1014 de l'Hégire qui répond à 1600 et tant de notre ère chrétienne. La poignée est en corne de rhinocéros, et le fourreau, en chagrin, est garni d'une très jolie monture en argent doré.

495 Un Damas gris, manche en corne de rhinocéros, fourreau garni en argent doré.

496 Un Fusil algérien, garni d'argent.

497 Yatagan algérien, avec poignée en argent niellé, et le fourreau richement ciselé et repoussé en même matière. Il porte près du manche un vaisseau, arme de la ville d'Alger, et l'inscription suivante (ma cha allah!) s'il plaît à Dieu.

498 Un Poignard de chef de Janissaires; lame de damas, percée à jour, avec incrustations d'or. La monture et le fourreau sont en argent doré, et portent le monogramme du sultan Mahmoud.

499 Poignard de Shahb ou prince Persan; la lame, en damas très fin, est couverte de dessins et filets en relief, avec incrustations d'or; le fourreau est en chagrin, et le manche en vache marine garnie de rosaces et petits clous d'argent qui produisent un effet charmant.

500 Pistolets albanais, en argent.

501 Une petite Giberne turque, pour mettre l'alkoran; en argent ciselé et garni de coraux.

502 Hache d'arme, en damas, incrustée d'or; manche en chagrin.

503 Un Cris malais, de Java; fourreau et garniture en or du pays.

504 Un autre *id.*, à lame flamboyante.

505 Un Marteau d'arme, turc; en argent.

506 Clévan ou sabre d'exécution, de l'Inde.

507 Khandjiar persan; lame évidée et damassée

dans le milieu; fourreau en chagrin vert garni en argent niellé.

508 Un autre *id.*, à lame en damas, très large, avec inscriptions arabes; fourreau en cuir noir.

509 Un Poignard persan, à lame en damas recourbée; fourreau et manche en bois noir sculpté.

510 Un petit Couteau turc; lame damas, manche en hippopotame, fourreau en argent repoussé.

511 Un Couteau en damas; manche en ivoire; fourreau en cuir garni d'argent.

512 Un Khandjiar, turc; manche en vache marine garni de coraux.

513 Un petit Sabre du XVIe. siècle; fourreau en velours rouge avec des repoussés en fer pour garniture.

514 Un Poignard, en ivoire sculpté; le manche est couronné par une tête casquée.

515 Un Fusil à piston, à deux coups.

516 Une Canardière, à pierres, du temps de Louis XV.

517 Une Poire à poudre, turque, du XVIe. siècle; incrustations en ivoire, et petits clous de cuivre.

518 Poire à poudre de Highlanders ou chefs de Klans écossais.

519 Une Claymore ou épée écossaise.

520 Une paire de petits Pistolets, de Versailles,

dans leur boîte. Les batteries sont gravées, et les manches incrustés d'or.

521 Une paire de Pistolets de combat, de Boutet, dans leur boîte en acajou, garnie de tous ses ustensiles.

522 Très belle paire de Pistolets, de Versailles, tout garnis et incrustés d'or. C'est un présent de l'Empereur au général Rapp.

523 Fusil chinois. Le bout du canon ainsi que la culasse, sont damasquinés en or.

524 Une vieille Garde d'épée en fer, travaillée à jour.

525 Une ancienne Épée, avec poignée; ciselée à jour.

526 Un Sabre avec une poignée tonquine.

527 Deux Couteaux de chasse; l'un manche en corne de cerf garni de cuivre doré, l'autre avec poignée en écaille de poissons.

528 Une Poire à poudre, en corne; montée en argent.

529 Deux petits Canons, modèles; du temps de Louis XIV. Ils sont gravés et portent les écussons de France et le nom de Louis Auguste de Bourbon, duc du Maine, à qui ils ont appartenu.

530 Un autre Canon plus grand.

531 Deux petits Canons, modèles, sur leurs affuts.

532 Plusieurs Sabres et Hallebardes.

533 Un petit Fusil, dont la batterie est gravée, et le canon, en fer ciselé en relief, est enrichi d'écussons représentant Mars, Jupiter et Mercure. Il est du meilleur temps de la renaissance, et les figures et arabesques qui le décorent sont d'une finesse admirable. Il est fâcheux que l'on n'ait pu conserver le bois du temps, mais il tombait en poussière.

534 Les Armes non cataloguées seront vendues sous ce numéro.

MARQUETERIE DE BOULE, DE RIESNER, ET BOIS SCULPTÉ.

535 Un Régulateur de Boule, marqueterie de cuivre sur ébène; enrichi de bronzes dorés et mascaron du plus beau stile. Le mouvement est de Julien Leroy, fameux pendulier du temps; il est à équations, marquant les quantièmes du mois et les jours de la semaine, le lever et le coucher du soleil, les années bissextiles, etc., etc.; il vient de Nancy où il ornait les appartemens de Stanislas, roi de Pologne.

536 Une superbe commode de Boule, marqueterie de cuivre, nacre et corne sur ébène; elle est toute couverte de bronzes dorés. Le dessus est orné d'une peinture sous corne figurant Amphytrite traînée par des dauphins.

537 Une Pendule sur sa gaine; marqueterie de cuivre sur ébène. Elle est enrichie de bronzes et est couronnée par une victoire.

538 Un Régulateur de la fin de Louis XIII; marqueterie de cuivre et étain sur écaille. Il doit avoir été fait pour quelques châteaux royaux, car il porte dans un écusson les deux L entrelacées surmontées d'une couronne, et son socle est orné de 4 dauphins en bronze doré.

539 Encrier, orné de bronze; marqueterie de cuivre sur écaille.

540 Une très belle Commode, en bois marqueté; représentant des paysages chinois, avec figures incrustées d'une manière merveilleuse : c'est sans contredit un des plus beaux meubles qu'ait faits Riesner. Quoiqu'elle soit de la fin du règne de Louis XV, les bronzes sont encore d'un bon goût.

541 Deux autres Commodes, en bois de rose marqueté, garnies en bronze doré et couvertes d'u marbre blanc.

542 Un petit Meuble faisant le demi-cercle, marqueterie de bois; garni de bronzes dorés et couvert d'un marbre blanc.

542 Une Commode, en bois des Iles, avec médaillons en vieux Sèvres, bouquets de fleurs; enrichie de bronzes dorés. Elle ornait la chambre à coucher de Marie-Antoinette, au château de Trianon.

544 Un grand Bureau à quatre faces, en bois de roses, garni de bronzes dorés.

545 Un petit Meuble à tiroirs, en marqueterie de bois, du XVIIe. siècle.

546 Une petite Console en acajou, garnie de bronzes dorés ; marbre blanc.

547 Une Table en bois sculpté, de la fin du règne de Louis XIII. Elle est enrichie d'arabesques et d'écussons, avec un large mascaron sur le devant ; ses pieds contournés sont formés de feuilles.

548 Un Bahut du milieu du XVIe. siècle, en bois sculpté, avec figures, mascarons et ornemens. Aux deux angles se trouvent deux cariatides : la Justice et la Marine.

549 Un autre Bahut, du même temps : Suzanne et les Vieillards.

550 Un beau Meuble en bois d'ébène, de la fin du règne de Henri IV. C'est une armoire à deux battans s'ouvrant par le milieu et laissant voir un petit tabernacle, comme la plupart des meubles de ce temps ; chacun des deux panneaux est orné de sujets sculptés en relief. Sur l'un l'on voit Amphytrite traînée par des dauphins, l'autre représente le triomphe de la Justice. A l'entour se trouvent des figures assises, la Religion, la Force, la Justice et l'Abondance ; le tout élevé sur une base en colonne torse couverte d'une quantité d'orne-

mens de fleurs gravées en creux. Ces sortes de meubles sont très rares, lorsqu'ils sont comme celui-ci à colonnes torses.

551 Un petit Cabinet en ébène, du temps de Louis XIII, avec miniatures d'oiseaux encadrées sous verre. Il est élevé sur une console soutenue par des cariatides en bois doré; les côtés et le dessus de la console sont incrustés de marqueterie de cuivre et étain.

552 Un devant de cheminée, en bois sculpté; de la renaissance.

553 Une petite Table ronde, en acajou, garnie de cuivre doré.

554 Une Console en bois doré, du temps de Louis XVI, avec un marbre en griotte.

555 Un petit Miroir, de Boule; marqueterie de cuivre et étain sur écaille.

556 Un ancien Baromètre, en écaille, filets de cuivre.

557 Une Boîte à ouvrage, marqueterie, cuivre et étain sur ébène.

558 Un petit Coffre servant d'encrier; marqueterie d'étain.

559 Un Coffre en marqueterie de bois, à angles ronds.

560 Un Coffre à secrets; marqueterie de bois représentant des chasses. Monture ancienne en cuivre.

561 Deux Armoires en bois de rose, garnies de bronzes dorés.

562 Un petit Médailler composé de dix tiroirs, marqueterie, cuivre et étain, sur ébène.

563 Un grand Coffre gothique en bois sculpté, avec une large fleur-de-lis sur le panneau de devant.

564 Un Coffre en bois de rose, incrustations d'ébène, avec de petits pieds en bronze.

565 Deux Bibliothèques en acajou, garnies de cuivre.

566 Un Cadre carré, marqueterie de bois, à fleurs.

567 Un Écran ancien en bois sculpté : Henri IV à qui l'on amène Gabrielle d'Estrée.

568 Un autre Écran du même temps, en bois sculpté.

569 Petit Cabinet en ébène et à tiroirs, avec colonnes en cristal torse; il est revêtu, sur la surface, de plaques en pierre de rapport et en matières précieuses, telles que lapis lazuli, agate, jaspe fleuri, jaspe sanguin, cornaline.

PORCELAINES DE SÈVRES, DE SAXE ET DU JAPON.

SÈVRES.

570 Deux grands Seaux, fond vert, avec médaillons de fleurs.

571 Deux *idem* un peu moins grands.

572 Quatre *idem* plus petits.

573 Un Service de dessert, blanc, avec bordures d'or, composé de 82 pièces.

574 Trois Vases bleu-turquoise, avec médaillons d'oiseaux, montés en bronze doré.

575 Deux Vases *id.* bleu-turquoise, semés de bouquets, monture en bronze.

576 Un petit Vase bleu et blanc, avec fleurs, monture ancienne en bronze.

577 Cinq Vases montés en bronze, fond bleu-de-roi.

578 Deux petits Pots à crême bleu-turquoise, avec médaillons de fleurs.

579 Un Vase sans couvercle, bleu-foncé, médaillons de fleurs, monté en bronze.

580 Un Sucrier vert bariolé de fleurs, et un Pot bleu à couvercle, médaillons de Boucher.

581 Sucrier gros-bleu, orné de médaillons grisailles; l'un d'eux représente un sujet de la vie de Jacques II, roi d'Angleterre.

582 Une Écuelle et son plateau bleu, avec médaillons d'enfans.

583 Une autre *id.* bleu-turquoise, médaillons d'oiseaux.

584 Une Soupière bleue, pâte dure, et son plateau.

585 Deux petites Tasses bleu-foncé, l'une médaillons paysage, l'autre guirlandes de fleurs.

586 Un Beurrier et son plat bleu coulé, avec médaillons de fleurs.

587 Un petit Sucrier bleu et blanc, avec fleurs, et une Écuelle blanche, pâte tendre.

588 Deux Pots au lait bleu et blanc, l'un d'eux avec manche.

589 Quatre Tasses, l'une fond noir, l'autre vert-d'eau, et les deux autres avec fleurs.

590 Une petite Écuelle et son plateau, fond blanc et bleu, avec coquilles roses.

591 Deux Plateaux, fond vert, triangulaires.

592 Trois Assiettes, bordures vertes, avec médaillons de fleurs.

593 Une Écuelle et son plateau bleu et blanc, non finie.

594 Trois Tasses blanches, pâte tendre.

595 Deux Écuelles blanches, oblongues : bouquets de fleurs.

596 Trois Corbeilles, pâte dure, et douze Assiettes, barbeau tendre.

597 Neuf Assiettes à fleur d'or; une Marronière, et une infinité d'autres pièces en Sèvres qui seront vendues sous ce numéro.

SAXE.

598 Un Cabaret de Saxe.

599 Un Plateau garni de cinq petites tasses.

600 Une Saucière et son Plateau.

601 Deux Pots de nuit.

602 Une petite Corbeille garnie de fleurs en relief.

603 Un Pot à crême et son Bol, une Théière, un Sucrier, quatre Tasses et leurs Soucoupes.

604 Plusieurs autres Pièces en saxe.

PORCELAINES DU JAPON.

605 Trois Vases céladon, fleuri richement; montés en bronze doré. Ils proviennent de la vente de M. Maclleron.

606 Un *id.*, fond bleu; monture en bronze.

607 Deux *id.*, bleu; avec craquelures au milieu.

608 Deux *id.*, fond vert tendre, avec fleurs bleues; richement montés en bronze doré.

609 Deux Pots à tabac, fond vert, avec leurs couvercles.

610 Trois autres Vases fond blanc, avec fleurs en relief; l'un d'eux restauré.

611 Deux petits Vases fond roses avec fleurs vertes.

612 Un *id.* bleu de Perse, avec son couvercle.

613 Deux petits Vases blanc, avec fleurs; anses formés par des chimères.

624 Deux Vases fond blanc, avec dessins d'or; montés en bronze.

615 Deux petit Cornets fond blanc, avec Chinois.

616 Une Fontaine gros bleu, montée en bronze; et un Vase *id.*, sans couvercle.

617 Un Vase fond vert, à fleurs, avec sujets de cocs; richement montés en bronze doré.

618 Une Fontaine bleu de Perse; montée en bronze.

619 Deux petits Plats creux, en porcelaine du Japon.

620 Deux autres grands, en même porcelaine.

621 Deux petits Vases craquelés gris, avec chevaux et dessins bleus; montés en bronze.

622 Trois petits Vases en céladon, craquelé jaunâtre; monture ancienne en bronze doré.

623 Trois Bouteilles en porcelaine de Chine, avec dessins bleus.

OBJETS DIVERS.

624 Deux Chenets gothiques du temps de Louis XI; ils sont on ne peut mieux conservés, avec des figures d'anges en saillie et un écusson portant trois fleurs-de-lys.

625 Une Sphère céleste du XVIe. siècle, en bronze doré.

626 Un Christ en argent, d'après Léonard de Vinci, monté sur une croix écaille et ébène, et enrichi d'ornemens et têtes d'anges en argent repoussé.

627 Deux Vases en albâtre de la renaissance, avec syrènes aîlées formant les anses.

628 Deux Candélabres en carton-pierre, de

Romagnesi, surmontés d'une boule en bronze doré supportant six bougies.

629 Grand Houka de l'Inde avec son long tuyau.

630 Une petite Boîte carrée en pâte de riz.

631 Une autre petite Coupe carrée à anses, en même matière.

632 Un Surtout de table, composé de cinq morceaux de glace avec garniture en cuivre argenté.

633 Deux Musiques jouant quatre airs chacune, pour mettre dans des socles de pendule.

634 Une Garniture d'habit de cour, en strass et argent doré.

635 Un petit Coffre en écaille avec sa garniture en cuivre.

636 Une jolie paire de Flambeaux en bronze doré, à rocailles, du siècle de Louis XIV : enfans entrelacés.

637 Une autre paire de Girandoles, du même temps, en bronze doré.

638 Deux petits Serre-papiers *id.* : Léda, et Enfant caressant un chien.

639 Un petit Bénitier en bronze doré : Baptême de saint Jean.

640 Une paire de Flambeaux modernes en bronze doré : trois Têtes de femmes.

641 Une autre Paire *id.*

642 Une autre Paire *id.*, plus petits, bronzés et dorés.

643 Un Bougeoir en laque, monté en bronze doré, du temps de Louis XVI.

644 Une paire de Flambeaux à guirlandes, en bronze doré, du temps de la révolution.

645 Deux autres plus petits, du même temps.

646 Un petit Bougeoir moderne en bronze doré.

647 Deux Bras de cheminée à deux branches, en bronze doré.

648 Deux autres : Louis XVI, Têtes de faune ; à une branche.

649 Un petit Boucher dans un cadre en bronze doré, surmonté d'une couronne de Marquis.

650 Deux Chimères chinoises, provenant de la vente de M. Maelleron.

651 Une paire de petits Flambeaux de Goutière, montés sur des socles griotte.

652 Une autre Paire *id.*, montés sur des socles en porcelaine de Saxe.

653 Un Miroir chinois en métal.

654 Un Cadre en bronze doré : Funérailles du duc de Berri.

655 Une Maison chinoise en pierre de Lard.

656 Un Morceau très riche de mine d'argent.

657 Une petite Boîte ronde en bois sculpté.

658 Une Flûte en écaille montée en bas or.

659 Tuyau de pipe en ambre, du général Rapp.

660 Garniture d'épée du temps de Louis XV, damasquinée en or.

661 Une Rondelle de bouclier indien, ornée de fleurs en relief et en argent.

662 Un grand et beau Pain d'encre de la Chine.

663 Un autre *id.* avec des dragons dorés et des caractères chinois.

664 Beaucoup d'autres Pains de toutes grandeurs.

665 Une Kis verte, ou bourse à tabac turque; elle est brochée en or, avec une légende française.

666 Une autre Bourse à tabac, bleue avec dessins en or.

667 Une Porcelaine : Portrait du Roi dans un cadre en bronze doré.

668 Une Peinture sur albâtre : la Vierge et l'Enfant Jésus.

669 Une Peinture sur cuivre : Ermite en prières; encadrée.

670 Deux Cachets cristaux de Bohême, et une Grenouille en pierre de Lard.

671 Un Cristal de roche gravé représentant le Christ.

672 Deux Clés de chambellan.

673 Une Vierge en corail et un Nécessaire ancien doublé d'or.

674 Une Couverture de livre incrustée de nacre, et un Collier d'ambre.

675 Une Coupe, travail indien, en corne de rhinocéros.

676 Deux Cassolettes et leur milieu-pot en laque rouge avec lapins en Saxe.

677 Un Système astronomique en bronze doré.

678 Un Bas-relief en terre cuite de Clodion : Marche de Sylène; encadré.

679 Un Jeu d'Échecs en ivoire.

680 Une Serrure gothique.

681 Un Pot à boire en étain avec les douze Apôtres en saillie coloriés.

682 Un petit Pot turc avec une inscription grecque.

683 Un Poêlon arabe.

684 Cinq Pots en grès de Flandre avec dessins bleus.

685 Deux autres avec petits ronds blancs et mascarons.

686 Un autre forme pyramide, et deux autres bruns.

687 Deux Chinois en porcelaine, sur socles bleu turquin.

688 Un Microscope dans sa boîte en acajou.

689 Un autre plus petit aussi dans sa boîte.

690 Deux petites Assiettes allemandes en étain.

691 Un Plat en Burgos.

692 Deux Devants de cheminée ornés de têtes d'Anges et d'Arabesques, par Finkemberg.

693 Dix Figures en albâtre sur leurs socles.

694 Trois Longue-vues, dont une montée en argent.

695 Un Tuyau de pipe orné de pierres gravées.

696 Un Cachet en fer du XVIe. siècle.

697 Un Archet de violon en écaille.

698 Un Bas-relief en bronze, d'après Clodion, encadré.

699 Deux magnifiques Bras de cheminée du temps de Louis XVI, à trois branches.

700 Deux Verres anciens avec leurs couvercles.

701 Une petite Bouteille à gouleau contourné.

702 Trois Morions de la Ligue, dont deux gravés.

703 Une grande quantité de débris d'Armures. Cet Article sera divisé.

704 Un Sablier ancien.

705 Plusieurs beaux Cadres anciens sculptés à jour, grands et petits.

706 Un paquet de Flèches tartares.

707 Un petit Chinois en bronze sur un socle à rocailles.

708 Deux petits Chinois en porcelaine, sur socle à pied.

709 Un petit Socle bleu turquin, orné de fleurs en bronze doré.

710 Un petit Coffre de forme carrée, en ébène, avec sujets niellés : vie de Joseph.

711 Un Sceptre de justice chinois, chargé de caractères incrustés en argent.

712 Une Anse tonquin.

713 Deux Girandoles en bronze, figure changée en arbre.

714 Une paire de Souliers chinois.

715 Une douzaine de Couteaux à lame d'argent, manche en ébène.

716 Une autre douzaine, lame en acier, manche en nacre, monture en argent.

717 Une Pipe écume de mer, montée en argent.

718 Deux autres Pipes en écume, montées en argent.

719 Un petit Nécessaire chinois, pour manger.

720 Un Jeu d'échecs en bois de palissandre et buis dans sa boîte.

721 Un petit Coffre en fer peint.

722 Un Portrait de Descartes, sur cuivre, encadré.

723 Un Plat à barbe, coco gravé; monté en argent.

724 Une petite Boîte à ouvrage en écaille.

725 Un Jeu de flûte.

726 Un Mouvement de pendule à carillon.

MINIATURES, FIXÉS ET DESSINS.

727 Miniature. Sainte Famille, dans un joli petit cadre du temps de Louis XIII.

728 Six Miniatures russes, sur peau de vélin, avec dates de 1652.

729 Quatre petits Dessins, par Nicolle; vues de Rome.

730 Deux autres ronds, encadrés; genre de Robert.

731 Un autre *id.*, madame Greuze.

732 Deux Fixés de Bertin, paysages; ronds et encadrés.

733 Un autre *id.*, de Suagers; encadré.

734 Un Dessin très curieux, représentant la Vierge tenant Jésus dans ses bras; de la tête aux pieds se trouve contenu le symbole des Apôtres.

735 Un charmant Dessin à l'encre de Chine, de Demarne: route d'Italie.

736 Un Dessin au crayon noir et à l'estompe, de Greuze; il est décrit dans les lettres de l'auteur du voyage d'Anacharsis qui se trouvait à Rome lorsqu'il le composait et qui était un de ses intimes amis.

737 Un Charlatan; dessin à la sépia, de Leprince.

738 Le Wagon ou chariot au charbon de terre anglais. Première pensée de la belle lithographie de Géricault.

739 Un Dessin à l'encre de Chine, de Révoil; et un autre Dessin de Wille; dîner champêtre.

740 Un Dessin à l'estompe, de Prudhon; deux amours.

741 Une Miniature sur peau de vélin, encadrée; portrait d'un homme de la cour de Louis XIV.

MANUSCRITS.

742 Deux Volumes in-folio du temps de Charles VI, ornés de 160 Miniatures, dont moitié grisailles et moitié coloriées. C'est la vie des Saints autrement appelée la Légende Dorée. Le texte, qui est un chef-d'œuvre de calligraphie, est sur parchemin.

743 Un Volume petit in-4°., Bible; manuscrit du XIVe. siècle.

744 Un autre Manuscrit du XIVe. siècle, sur vélin de 74 feuillets, contenant la règle de saint Benoît, celle de saint Augustin et une instruction pour les baptêmes et exorcismes.

745 Un autre *id.*, du commencement du XVe. siècle : matières de droits.

746 Un autre du même temps : résumé de l'Histoire du Moyen Age.

747 Le Roman de la Rose, en vers, avec miniatures.

748 Plusieurs autres Manuscrits.

TAPISSERIES ET ÉTOFFES DE SOIE,

749 Une magnifique Tapisserie représentant le Sommeil de Renaud, portant 20 pieds de large sur dix et demi de haut.

750 Une autre, l'Amour et Psyché, 11 pieds de haut sur 8 et demi de large.

751 Une autre, Don Quichotte, 13 pieds de large sur 10 et demi de haut.

752 Une autre, Bacchus et Ariane, 11 pieds de haut sur 8 de large.

753 Deux autres: Don Quichotte.

754 Huit morceaux dépareillés.

755 Huit morceaux de tentures en satin gris, sujets chinois.

756 Seize aunes un quart de Lampas bleu et blanc pour recouvrir un Meuble composé d'un canapé, six fauteuils, deux bergères.

757 Deux Couvre-pieds en satin blanc, avec fleurs brodées.

758 Plusieurs Morceaux de soieries.

759 Une Chemise turque et deux Écharpes brodées.

INSTRUMENS.

760 Un Violon de Stradivarius, garanti.

761 Une Basse d'Amati *id.* garantie.

762 Un Violon de Pic.
763 Une Contrebasse.
764 Une Guitare de Naples et une Harpe.
765 Deux Pianos, un à quatre pédales, l'autre à deux.
766 Plusieurs autres Violons.

PLAQUÉ.

767 Quatre Casseroles.
768 Trois Soupières et une Fontaine à thé.
769 Un grand Pot et sa cuvette.
770 Deux Seaux à rafraîchir.
771 Cinq Cafetières et vingt Plats.
772 Un grand Plat argenté.
773 Un Huilier, cinq Boles et leurs plats.
774 Une Tasse et son plat, quatre Salières.
775 Deux Moutardiers, deux Cuillères, deux Pots à Crême et deux Flambeaux.
776 Deux Cloches et un petit Plat forme ovale.
777 Comme il est impossible, dans un si grand amas de choses, de cataloguer tout, nous prévenons MM. les amateurs que les articles non décrits dans cette présente Notice seront vendus sous ce numéro.

Imprimerie de Pihan Delaforest (Morinval), Rue des Bons-Enfans, N°, 34.

www.ingramcontent.com/pod-product-compliance
Ingram Content Group UK Ltd.
Pitfield, Milton Keynes, MK11 3LW, UK
UKHW022124260726
13993UKWH00003B/1227

9 782329 555850